ars vivendi

GERHARD FALKNER

KANNE BLUMMA

Gedichte fränkisch – deutsch

ars vivendi

Originalausgabe

1. Auflage September 2010
© 2010 by ars vivendi verlag
GmbH & Co. KG, Cadolzburg
Alle Rechte vorbehalten
www.arsvivendi.com

Lektorat: Dr. Felicitas Igel
Umschlaggestaltung: Armin Stingl, Fürth
Druck: CPI books, Ulm
Printed in Germany

ISBN 978-3-86913-035-4

KANNE BLUMMA

Jede Bedrängnis der Natur ist eine Erinnerung höherer Heimat.

Novalis

Ade Kanna

Oma hedd ä deggl
sai mäyn
und undn ä
buudn
hindn hedd ä heng.gl
sai mäyn
und vonna ä schnauzn
drinna hedd Ade
sai mayn
un däfuhr ä dassn

obber
wahlsd nedd kumma bissd
hadds Oma kann deggl
gehm
und undn
kann buudn
hindn kann heng.gl
und vonna ka schnauzn
assenrumm
ka kanna
un drinna a kann dee

Eine Teekanne

Oben hätte ein Deckel
sein müssen
und unten
ein Boden
hinten hätte ein Henkel
sein müssen
und vorn eine Schnauze
drinnen hätte Tee
sein müssen
und davor eine Tasse

Aber
weil du nicht gekommen bist
gab es oben
keinen Deckel
und unten
keinen Boden
hinten keinen Henkel
und vorn keine Schnauze
außenrum keine Kanne
und innen drin keinen Tee

EHR & SIEH

voddi hend
nauf
zuddi arm
iss kädzä
wäy
voddi baa
noo
zuddi fäys

obber

voddi libbm
zumm gredd
iss nedd waidär
wäy
voddi augn
bissinns gsichd

ER (EHR) & SIE (SIEH)

Von den Händen
hinauf
zu den Armen
ist es kürzer
als
von den Beinen
hinunter
zu den Füßen

aber

von den Lippen
zum Geschwätz
ist es nicht weiter
als von den Augen
bis ins Gesicht

Di läychärde

middäräm bouch
affm bauch
middäräm foddo
vonnäräm märschwainla
vonn draff
undäräm zeddl drinna
middäräm redsebbd
geecher di
drau richkaid
lichds Inder sunna
hadd di augn dsou
und räyerdsi nedd

Die Liegende

Mit einem Buch
auf dem Bauch
mit einem Foto
von einem Meerschweinchen
vorne drauf
und einem Zettel darin
mit einem Rezept
gegen die Traurigkeit
liegt sie in der Sonne
hat die Augen geschlossen
und rührt sich nicht

Nedd siezn one dsu duudsn

sämmerä Weng schbadsiern gwehn
   bause
hommersi ä Weng beweechd
   bause
hommärä Weng woss dou Vier di gsundhaid
   bause
woss meechärd männ nou dsu dring.gn
   bause
mächärdmä ä Weng woss dsessn A
   bause
braungmä ä Weng ä dsai dung
   naa
blous di schbaise kaddn

Nicht siezen ohne zu duzen

Ist man ein bisschen spazieren gewesen?
    Pause
Hat man sich ein bisschen bewegt?
    Pause
Haben wir ein bisschen was für die Gesundheit getan?
    Pause
Was hätte man denn gerne zu trinken?
    Pause
Möchte man denn auch etwas essen?
    Pause
Hätte man gern eine Zeitung?
    Nein
Nur die Speisekarte, bitte

Schneh pho haid

Gschaid gschnaid hadds
Wousd hiehgschaud hassd, hadds hieh gschnaid
Di Leid hommsi gschaid gfraid
Oma drohma issä glehng
und undn drundn
Indi riddzn haddzn dsuhng
afdi schdrassn isser gsung.gn, alläs woa wais
Di schdah senn doddglehng
wäy waise Mais
Di bamm hommsi buhng
Di floggn Sinn gfluhng
Iss groos haddär zädriggd
Jehdn laud haddär däschdiggd
Alläs woar wais und gschaid lais

Schnee von heute

Es hat tüchtig geschneit
Wohin man auch schaute, hat es hingeschneit
Die Leute haben sich richtig gefreut
Er ist oben gelegen
Und unten gelegen
In alle Ritzen hat es ihn gezogen
Auf die Straße ist er gesunken, alles war weiß
Die Steine lagen herum
Wie weiße Mäuse
Die Bäume haben sich gebogen
Die Flocken sind geflogen
Er hat das Gras zerdrückt
Jeden Laut erstickt
Alles war weiß und unglaublich leis

OBBER

ess iss ganga
ess iss ganga wäys ganga iss
ess währ bessä gwehn, ess währ andärsch ganga
wäys ganga iss
ess iss obber nedd andärsch ganga
ess hädd schlimmer kummer känna
wennds suh nedd ganga währ
wäys ganga iss

OBBER

ess iss edds haldd ämoll gschehng
woss sai hadd missn
währ wass woss gwehn währ
wänds andersch hädd gäy mäyn
fraaly währs bessär gwehn
ess hädd goarnedd äschd suu gäy mäyn
wäys ganga iss

OBBER

ärchärd anner hadds halld dou mäyn
ärchärd anner haddsi
drumm kimmern mäyn
wahls sunnsd nämmer ganga währ

ABER

es ging schon
es ging eben so wie es gehen musste
es wäre besser gewesen, es wäre anders gegangen
als es ging
es ging aber nicht anders
es hätte schlimmer kommen können
wenn es so nicht gegangen wäre
wie es gegangen ist

ABER

es ist nun eben mal geschehen
was sein musste
wer weiß, was gewesen wäre
hätte es anders gehen müssen
freilich wäre es besser gewesen
es hätte gar nicht erst so gehen müssen
wie es gegangen ist

ABER

irgendeiner musste es eben tun
irgendeiner musste sich darum kümmern
weil es sonst nicht mehr gegangen wäre

Affärän anschbachä

voddä whelld
hadder niggs gsehng
vom Lehm
hadder niggs ghabbd
voddä dsaid
hadder niggs gmerggd
voddä khunsd
hadder niggs väschdanna
obbä sayn gaddn
hadder gmechd
say schuldn
hadder dsoald
und say wodd
hadder ghaldn

Auf einen Ansbacher

Von der Welt
Hat er nichts gesehen
Vom Leben
Hat er nichts gehabt
Von der Zeit
Hat er nichts gemerkt
Von der Kunst
Hat er nichts verstanden
Aber seinen Garten
Hat er gemocht
Seine Schulden
Hat er bezahlt
Und sein Wort
Hat er gehalten

Schdadd besichdichung

Inn jedär lorendskerch
Schdeggd ä seballduskerch

Inn jeder seballduskerch
Schdeggd ä frauwenkerch

Inn jedär frauwenkerch
Schdeggd ä jakobskerch

Inn jedär jakobskerch
Schdeggd ä johanniskerch

Inn jedär johanniskerch
Hoggd ärchärd ä gärchlä

Und machd sai graidslä

Stadtbesichtigung

In jeder Lorenzkirche
steckt eine Sebalduskirche

in jeder Sebalduskirche
steckt eine Frauenkirche

in jeder Frauenkirche
steckt eine Jakobskirche

in jeder Jakobskirche
steckt eine Johanniskirche

in jeder Johanniskirche
steckt irgendein kleiner Georg

und macht sein Kreuzchen

Iss Geld Licht Oma

Woisn may Dsai Dung?
Drehma lichds doch!
Wouw drehma?
No affihrärä daschn
Siggzdess
eddsbinnischo gandzbläyd
Hobby scho zoahld A?
Fraaly, änn dsehnä hommsmä dochgehm
Hommsmä rausgehm A scho
Gloah
Iss Geld Licht Oma After Kassa
A doaschahähr!

Das Geld liegt oben

Wo ist denn meine Zeitung?
Da drüben liegt sie doch.
Wo denn drüben?
Na, auf Ihrer Tasche.
Da sieht man's wieder!
Ich bin schon ganz blöde.
Hab ich jetzt schon bezahlt?
Freilich, Sie haben mir doch einen Zehner gegeben.
Haben Sie mir denn schon rausgegeben?
Klar.
Das Geld liegt oben auf der Kasse.
Aha! (Ach, da schau her!)

A Moll

A Moll
Hobby gsunga
In annärä Dur
Wäydä abbolo
Inder Freya nadduhr
Wäy dä frands
Vo assisi
Wäy dä schwoahn
Wennä schderbd
Wäydä schubärd
Wends nachd wärd
Wäydä sohn
Wennä erbbd
Wäy dä maigl
Dä dschäggsn
Im glibb pho *aim bäd*
Hobby danzd unbinn gschbrunga
Vo fräy bis schbäd
A Moll
Hobby gsunga
Bisdi maygleggli glunga
Bisdi grohshalm senn gschwunga
Bisdi vegl senn khumma
Und miedgsunga homm.
Homm. Homm.

Einmal

Einmal (Einst)
Hab ich gesungen
In einer Tour
Wie ein Apollo
In der freien Natur
Wie der Franz
Von Assisi
Wie der Schwan
Wenn er stirbt
Wie Schubert
Wenn's Nacht wird
Wie der Sohn
Wenn er erbt
Wie der Michael
Der Jackson
Im Clip von *I'm bad*
Hab getanzt und bin gesprungen
Von früh bis spät
Einmal
Hab ich gesungen
Bis die Maiglöckchen geklungen
Bis die Grashalme schwangen
Bis die Vögel geflogen kamen
Und mitsangen.
Haben Haben.
Homm. Homm.

Goya (di naggde maya)

Oma niggs drieber undundn niggs drunder
suis doddglehng,
Affm sopha, naggäd
Fuhr maine aung
Inn Ann Arm undämm kubf
inn Andern endlang voddärä
voddärn figguhr
Ihobb goahnimmer gwissd
wouhie middi augn
I häddmi am läybsdn draffgschdäddsd
obber nou hadd ausgrechnd
Mai dellefohn gschelld

Goya (Die nackte Maya)

Oben nichts drüber und unten nichts drunter
so ist sie dagelegen
auf dem Sofa, nackt
vor meinen Augen
den einen Arm unter dem Kopf
den anderen entlang ihrer
vorderen Figur (Vorderseite)
ich wusste gar nicht mehr
wohin mit den Augen
ich hätte mich am liebsten auf sie gestürzt
aber dann hat ausgerechnet
mein Telefon geklingelt

Raifmbanna

I hogg am schdrassnrand.
Dä foarä weggsld inn raifn.
I mooch nedd, woui häärkumm.
I mooch nedd, woui hiegäy.
I väschdäy ieberhabbds nedd, warum iss nedd
Däwaddn khonn.

Bertolt Brecht: Der Radwechsel

Ich sitze am Straßenhang.
Der Fahrer wechselt das Rad.
Ich bin nicht gern, wo ich herkomme.
Ich bin nicht gern, wo ich hinfahre.
Warum sehe ich den Radwechsel
Mit Ungeduld?

Inder fräy

Hobby mai gäyskanna gnumma
Unbin in gaddn gannga
Unhobb mai blumma gossn
Unbin Inder sunna gschdanna
Unhobb die wollgn O gschaud
Unbin im grohs glehng
Unhobb die väichärli ghäird
Unhobb miedgsunga
Unhobb fasd griena fuhr fräid

Frühmorgens

Habe ich meine Gießkanne genommen
Und bin in den Garten gegangen
Und habe meine Blumen gegossen
Und bin in der Sonne gestanden
Und habe die Wolken betrachtet
Und bin im Gras gelegen
Und habe die Vögel gehört
Und habe mitgesungen
Und habe fast geweint vor Freude

kaddägorischä imbärradief

Wenndsd maansd, du maggsdess äsu
dass wennds alle äsu machädn
ähjeedä am besdn droh wehr
nocherd isscho väkehrd
waalds kannä sumachd
waaläjedä immäblouws affsain brofidd schaud
annerwäy däander
dassdäss glai su machnhässd känna
wäysdäs im brindsieb
suwiesu gmachd häddersd

Obber wäymäss machd, machdmäss väkehrd

Wenndsd maansd, dumousds äsu machen
dassäjedä maand
su hädders, wänne kännd hedd, selber A gmachd
waaler danngmaandhädd, dieandän dädns
wends hadd aff hadd gäyd
annselber gehng ieber asu machn und
ärchädwann häddmädannwoss
affdess märsi välassn kännerd
ä uungschriems gsedds
nouw hassdi brennd

Wenn seggs frang.gn amm disch hoggn
Wädd neddsu laichd ä sibbdä sadd

Der Kategorische Imperativ

Wenn du meinst, du handelst so
Dass, wenn alle so handeln würden
jedem damit am besten gedient wäre
dann hast du dich schon verrechnet
weil keiner je so handelt
da jeder nur auf seinen Profit schaut
einer wie der andere
sodass du gleich so hättest handeln können
wie du im Prinzip
sowieso gehandelt hättest

Wie man's macht, macht man's verkehrt

Wenn du meinst, du musst so handeln
dass jeder denkt,
er hätte, wenn er gekonnt hätte, auch so gehandelt
weil er dann gedacht hätte, die anderen hätten
wenn es hart auf hart kommt
einem selbst gegenüber auch so gehandelt und
irgendwann hätte man dann etwas
worauf man sich verlassen könnte
ein ungeschriebenes Gesetz
dann hast du dich gebrannt

Wenn sechs Franken an einem Tisch sitzen
wird nicht so leicht ein Siebter satt.

OBBSD

obbsd edds obbsd moggsd odder
obbsd obbsdwasser moggsd odder
obbsd im wasser hoggst und obbsd
issd obbsd phä liebt odder phä lurn bissd
odder obbsd waddsd bississ obbsd
Inder daschn iss bississ wasser
Inder flaschn iss odder obbsds saggsd
maggs wäy godd: werra mendsch
iss obbsd blaibd immä iss glaiche

dswischn dä War Haid
gibbds kann under schied

OBST

Ob du nun Obst magst oder
ob du Obstwasser magst oder
ob du im Wasser sitzt und Obst
isst, ob du verliebt oder verloren bist
oder ob du wartest, bis das Obst
in der Tasche ist, bis das Wasser
in der Flasche ist oder ob du sagst:
mach's wie Gott, werde Mensch
das Obst (die Frage) bleibt immer das gleiche

zwischen der Wahrheit
gibt es keinen Unterschied

Edds kummäsmi hulln

Wännimi nedd daisch
Hobby nämmä hammgfunna
waali wenni hammgfunna hädd
dähammgween währ
wäys kumma sänn
undmi abhulln homm wolln
obber villaichd daischämi ja
und hobbdoch hammgfunna
waali edz dou drinna bin
sunnsd wäri jadähamm
wendsmi nedd ghulld häddn
woss ja blous gäy hadd kenna
waali dähamm gween binn
nachdeemi schainärds
doch hammgfunna hobb

They are coming to take me away

Wenn ich mich nicht irre
habe ich nicht mehr nach hause gefunden
weil ich, wenn ich nach hause gefunden hätte
ja zu hause gewesen wäre
als sie gekommen sind
um mich abzuholen
aber vielleicht täusche ich mich auch
und habe doch nach hause gefunden
weil ich jetzt hier drinnen sitze
sonst wäre ich ja zu hause
wenn sie mich nicht geholt hätten
was ja nur möglich war
weil ich zu hause gewesen bin
nachdem ich scheinbar
doch nach hause gefunden habe

Suu gseeng

Vo laff drassn
Nach nämberch nai
Odder vonämberch drinna
Nach laff naus
Issfai äh ganzschäyner underschiehd
Unzwoa neddblous voddä richdung hähr
Sondärnaah voddä gwalidäd

So gesehen

Von Lauf draußen
nach Nürnberg rein
oder von Nürnberg drinnen
nach Lauf hinaus
macht einen ganz schönen Unterschied
und zwar nicht nur, was die Richtung angeht
sondern auch, was die Qualität betrifft

fäweggslung

Däander, wassdscho
Na, wassinedd
Noddä, mendsch dä wayhassderdenn?
Hälvmerhald!
Wassifainedd wehndumaanzd
Dährsi immä su rausbuddzd
Rausbuddzn dännersi fühl
Dähr immä indi gälbm bullower
Rumm rennd
Kenni kann
Dährsdauernd middi waybä hadd
Däss hassd doch niggs!
No, dährmiddsaym bbosche
Achdumaansd inndinggs
(in riddhammersschosch)?
g. wayder, Iman dochnedd
in riddhammersschosch
no wehnmahnsdnärännouw duh?
No! Inn waschdscho
Der nailly imloddo gwunna hadd
Dcss sachd doch niggs!
I hobb A imloddo gwunna
Duh hassd A imloddo gwunna?
Männdschwassdwoss
Waddärmol!
Nodiech maanidoch!

Verwechslung

Der andere, du weißt schon
Nein, weiß ich nicht
Na der, Mensch! wie heißt er denn gleich wieder?
Hilf mir doch!
Ich weiß wirklich nicht, wen du meinst
Der sich immer so herausputzt
Herausputzen tun sich viele
Der immer in gelben Pullovern herumläuft
Kenn ich keinen!
Der es dauernd mit den Weibern hat.
Das sagt doch nichts!
Na, der mit seinem Porsche
Ach, du meinst den Dings
den Ritthammers Georg?
Geh weiter, ich mein doch nicht
Den Ritthammers Georg
Na, wen meinst du denn dann?
Na, den *du weißt schon*
Der neulich im Lotto gewonnen hat
Das heißt doch nichts!
Ich habe ja auch im Lotto gewonnen
Du hast auch im Lotto gewonnen?
Mensch, weißt du was
Warte mal!
Na, dich meine ich doch!

habbder? hommer!

habbder hährgfunna?
hommer!
habbder scho ogfanggd?
hommer!
habbder gnouch leid?
hommer!
habbder ä gschaide broodzeid?
hommer!
brauchdär än senfd vier diwoscht?
awohähr
a goude woschd schmeggd ah
one senfd!

Habt ihr? Haben wir!

Habt ihr hergefunden?
Haben wir!
Habt ihr schon angefangen?
Haben wir!
Habt ihr genügend Leute?
Haben wir!
Habt ihr eine richtige Brotzeit?
Haben wir!
Braucht ihr Senf für die Wurst?
Ach woher.
Eine gute Wurst schmeckt auch
Ohne Senf!

Affm Burchberch
    Hommer inn Dierer ghabbd
Affm Egidienberch
    Hommer inn Heechl ghabbd
Affm Haubdmargd
    Hommer inn Hiddler ghabbd
Edz wärds Dsaid
    Dass ä Rouh iss
Edz mouä Moll a Rouh say

Auf dem Burgberg
  hatten wir den Dürer
auf den Egidienberg
  hatten wir den Hegel
auf dem Hauptmarkt
  hatten wir den Hitler
jetzt wird's Zeit
  dass mal Ruhe ist
Jetzt muss einmal Ruhe sein

laudä wädds heißer

Baddi booln
gibbds elende doschdschdreggn
dswischn die wo khale
Wäy oasn schimmern däy
am horri dsonnd voddi konnsonnandn
hinderdi bladds-bfeif-dssischlaud-diena
Baddi frang.gn
schdennäs drengd wäydi lo khale
Blous hassn dou di lo khale
wädds heißer
undi wo khale
A wends läis senn
selbsd laude

Lauter Wirtshäuser

Bei den Polen
gibt es elende Durststrecken
zwischen den Vokalen
Wie Oasen schimmern sie
am Horizont der Konsonanten
hinter den Platzpfeifzischlaut-Dünen
Bei den Franken
stehen sie gedrängt wie die Lokale
nur heißen die Lokale hier
Wirtshäuser
und die Vokale
auch wenn sie leise sind
Selbstlaute

Di nachbärrn

Sieh kummd nämmer dzu dä
Dir nay
Ehr kummd nimmä phom sofa
runder
Dikindä kumma blousnu
wends woss braung
Undsunnsd kummd suwisu
kanner

Ä audohomms, sugrous wäyärä
Omnibus
Dä vänseher haddä formahd
wäya kärchäfendsder
Obber dä horridzond iss nedd waidä
wäyvomm zoobärschdla
bis dsumm schbiegl

Die Nachbarn

Sie kommt nicht mehr
durch die Türe
Er kommt nicht mehr vom Sofa
herunter
Die Kinder kommen nur noch
wenn sie was brauchen
und sonst kommt sowieso
niemand

Sie haben ein Auto, so groß
wie ein Omnibus
Der Fernseher hat das Format
eines Kirchenfensters
Aber der Horizont
reicht nicht weiter
als von der Zahnbürste
bis zum Spiegel

doudi no nedd

       O

hobbermi   aus   dsuhng
hobbermi   hi   ghoggd
hobbermi   oo   gschaud
haddsmi   ro   ghaud
binni   dodd   glehng
hommsmi   O   ghulld

   f a s s d

häddnsmi   ab   gschriem
häddnsmi   ei   grohm
hobbermi   auf   gschdelld
hobbermi   oo   dsunhg
binni   ab   ghaud
hommsmä   nouch   gschaud

Mach dich nicht

    verrückt!

Habe mich	aus	gezogen
Habe mich	hin	gesetzt
Habe mich	an	geschaut
Hat es mich	runter	gehauen
Bin ich	dort	gelegen
Haben sie mich	ab	geholt

  b e i n a h e

Hätten sie mich	ab	geschrieben
Hätten sie mich	ein	gegraben
Hab ich mich	auf	gestellt
Hab ich mich	an	gezogen
Bin ich	ab	gehauen
Haben sie mir	nach	geschaut

Kichn & kochn

woisn di marri
däy iss inder kichn
wossmachdsnän nou dou
kochn
wosskochdsnän nou dou
gniedli
woss sännern nou gniedli
gniedli senn gläis
obber wendsd nedd wassd
woss gniedli senn
konnsd A nedd wissen
woss ä kichn iss
und wendsd nedd wassd
woss ä kichn iss
braugsd a nedd wissen
wou di marri iss

Küche & kochen

Wo ist denn die Marie
die ist in der Küche
was macht sie denn da
kochen
was kocht sie denn da
Knödel
was sind denn Knödel
Knödel sind Klöße
aber wenn du nicht weißt
was Knödel sind
kannst du auch nicht wissen
was eine Küche ist
und wenn du nicht weißt
was eine Küche ist
brauchst du auch nicht zu wissen
wo die Marie ist

Nai & Naus

Nai kumma binni nedd
Obber naus kumma konni
Waali nedd nai kumma binn
A nedd sai
Droddsdeem moui drinna gween say
Sunnsd häddns mi nedd graichd
Edds frouchä mi blous
Binni eds drinna gwehn
Woui nedd naikumma binn
Odder drassn woui nedd
Nauskumma kennd hobb
Waali nedd nai kumma binn

Rein und raus

Ich bin nicht hineingekommen
Aber herausgekommen kann ich
Weil ich nicht hineingekommen bin
Auch nicht sein
Trotzdem muss ich drin gewesen sein
Weil sie mich sonst nicht gekriegt hätten
Jetzt frage ich mich nur
Bin ich jetzt drin gewesen
Wo ich nicht hineingekommen bin
Oder draußen, wo ich nicht
Herausgekommen sein kann
Weil ich nicht hineingekommen bin

(principium rationis sufficientis)
Dä sadds vom widderschbruch

Für Carl Otto Thowart

Ess gäyd nedd
dass desselbe
dehmselbichn
in derselberdn bedsiung
zudder selm dsaid gehm iss un nedd gehm iss

Dess hassd
ess gäyd nedd
dassanner woss gräychd desser glaichdsaidy ned gräychd

Andersch gsachd
ikonned in Anschba essn
wenni in Nämberch im bedd liech!

Der Satz vom Widerspruch

Für Carl Otto Thowart

Denn es ist unmöglich
dass dasselbe demselben
in derselben
Hinsicht
zugleich zukommt und nicht zukommt

Das heißt
es ist unmöglich
dass einer etwas bekommt, das er gleichzeitig nicht
    bekommt

Anders ausgedrückt:
Ich kann nicht in Ansbach beim Essen sein
wenn ich in Nürnberg im Bett liege!

däbandä

say bligg woa im vobaizäyng voddi stanga
su mäyd gwonn dassnänn niggs mähr hälld
äss woarnan grood, aldz ob dou blousnu schdanga
    schdännerdn
und hinndä dausnd schdanga kaine whelld

dä waache gang vosaine gschmaidy schdargn schriddn
därsi im allerglennsdn graisl drehd
iss wäyärä dandz vo graffd umannärä middn
indähr bedaibd äh grousäh willn schdehd

blous manchmohl gäyd dä fuhrhang voddära bubbilln
gands laisä auf- und lässd ä bld nach inna
gäyd durchdi voddä gandsn gschdalld geschdraffde
    schdilln
und haird äschd auff im hädsn drinna

Rainer Maria Rilke: Der Panther
Im Jardin des Plantes, Paris

Sein Blick ist vom Vorübergehn der Stäbe
so müd geworden, daß er nichts mehr hält.
Ihm ist, als ob es tausend Stäbe gäbe
und hinter tausend Stäben keine Welt.

Der weiche Gang geschmeidig starker Schritte,
der sich im allerkleinsten Kreise dreht,
ist wie ein Tanz von Kraft um eine Mitte,
in der betäubt ein großer Wille steht.

Nur manchmal schiebt der Vorhang der Pupille
sich lautlos auf –. Dann geht ein Bild hinein,
geht durch der Glieder angespannte Stille –
und hört im Herzen auf zu sein.

Pho maine dswaa baa
Iss iss ling.ge iss schnellere
Pho maine dswaa hend
Iss di voddere di hellere
Pho maine dswaa saidn
Iss di glennere di schennere
Pho maine dswaa augn
Iss iss middlere iss b. quemäre
Pho maine dswaa häddsn
Iss iss Anne ä schdiefl
Und iss annere a schäddsn

Von meinen zwei Beinen
Ist das linke das schnellere
Von meinen zwei Händen
Ist die vordere die hellere
Von meinen zwei Seiten
Ist die kleinere die schönere
Von meinen zwei Augen
Ist das mittlere das bequemere
Von meinen zwei Herzen
Ist das eine ein Stiefel
Und das andere eine Schürze

naily iss ä beggla kumma
mai nachbä hadds endgegn gnumma
indehm beggla woa a kissn
dess konndä ander ja nedd wissen
indehm kissn woa a bombm
kaum haddä andemm schnierla dsuugn
haddsn dsrissn
und vom kissn
senndi fedzn gfluhng

neulich ist ein Päckchen gekommen
der Nachbar hat's entgegengenommen
in dem Päckchen war ein Kissen
das konnte dieser ja nicht wissen
in dem Kissen steckte eine Bombe
kaum hat er an der (Paket-)Schnur gezogen
hat es ihn zerrissen
und von dem Kissen
flogen die Fetzen

anner woas

i binn voddi zwaa dä A
ehr iss voddi zwaa dä ander
mir senn voddi zwaa di aanzichn
däy wou dou Sinn
pho undz konz alldso kanner gwehn sai
sunnsd wär pho unds zwaa
annä fodd gwehn
waaldz janedd dou bassierd iss
sondän dodd

einer war es

ich bin von uns beiden der eine
er ist von uns beiden der andere
wir sind von uns beiden die einzigen
die hier sind
von uns beiden kann es also keiner gewesen sein
sonst wäre einer von uns beiden
weg gewesen
da es ja schließlich nicht hier passiert ist
sondern dort

A Kotze Hosn

I braicherd a kotze hosn!
Woss braichersd?
A kotze hosn!
Woss sollnänn nouw eddz dess widder say?
Duwässddochwol wissn
Woss äh kotze hosn iss
Ä hose mit kotze baa
Midd kotze woss?
Midd kotze bahnä -
viern summä.
Mahnsd phillaichd ä kotze husn?
Wosshassd'n mahnsd ä husn
Wennidoch gsachdhobb,
i brauch ä kotze husn!
Niggs hasd gsachd: hose hassd gsachd. Und kotze.
Du wässd ja wool gwissd homm
Wossi gmaand hobb
Niggs Hobby gwissd!
Weendsd Middwoch Kummer willsd
saggsd jä ahh nedd
am maddwuch willsd Kummer.

Eine kurze Huse

Ich bräuchte eine Kotze Huse
Was bräuchtest du?
Eine Kotze Huse
Was soll das denn jetzt wieder sein?
Du wirst doch wohl wissen
was eine Kotze Huse ist
eine Huse mit kotzen Beinen –
für den Sommer.
Meinst du vielleicht eine Kotze Hose?
Was heißt hier: meinst du Hose
ich hab doch gesagt
ich bräuchte eine Kotze Hose!
Nichts hast du gesagt: Huse hast du gesagt.
Und Kotze.
Du wirst ja wohl gewusst haben
Was ich gemeint habe!
Nichts habe ich gewusst.
Wenn du am Mittwoch kommen (Kummer) willst
Sagst du ja auch nicht
Du willst am Mattwuch kommen (Kummer).

Affm schdah binni glehng
Inder kelld
Naggäd
Blous ä kädzn hadd brennd
Inder welld
Däy hadd gflaggerd
Kanne blumma hadds gehm
Kanne blumma
Und iss schäyne lehm
Hommsmä gnumma

Auf dem Stein bin ich gelegen
In der Kälte
Nackt
Nur eine Kerze brannte
In der Welt
Die hat geflackert
Es gab keine Blumen
Keine Blumen
Das schöne Leben
Haben sie mir genommen

Affm weech nach Johannis

Ess iss gands lais gwonn Inder nachd
I hobb di bammä rauschn ghäird
I hobbmi sälbä lauschn ghäird
hobbmä inds duch änn gnoodn gmachd
Dassidi nedd vägess

Ä rauch iss dodd glehng afdä schdrass
Di bargblädds woahn väweeng und nass
Ka mendsch issmä endgeechn Kummer
Kanner haddmä main Kummer gnummer
Wäy woa edds glai dai address?

Auf dem Weg nach Johannis

Es wurde ganz still in der Nacht
Ich habe die Bäume rauschen hören
Ich habe mich selber lauschen hören
Ich hab mir ins Tuch einen Knoten gemacht
Damit ich dich nicht vergesse

Ein Rauch ist auf der Straße gelegen
Die Parkplätze waren nass und verwegen
Kein Mensch ist mir entgegen gekommen
Kein Mensch hat mir meinen Kummer genommen
Wie war noch gleich deine Adresse?

Allah

I hobb afdi gwadd
voddä fräy bis ind nachd
undkumma bisd nedd
nou hobbermä dachd
nedd dachd, obber dengd
nochäd blaibsd halld wousd bisd
obber kaum dassi dess dengd hobb
hobbärdi A scho vermissd
dassi doddgschdanna bin
mid drauriche bah
undmä deng.gn hobb mäyn
eds bisd halld Allah

Alleine

Ich habe auf dich gewartet
Von früh bis in die Nacht
Aber du bist nicht gekommen
Da hab ich mir gedenkt
Nicht gedenkt, aber gedacht
Dann bleibst du eben, wo du bist
Aber kaum hatte ich das gedacht
Hab ich dich auch schon vermisst
Dass ich dastand
Mit traurigen Beine(n)
Und mir denken hab müssen
Jetzt bist du halt alleine (mein Gott!)

ess kaladsion

Für Donald Scott Peterson

Inder Fräy iss kanner aufgschdanna
Am bus iss kanner doddgschdanna
Inder Dsai Dung iss nix drinngschdanna
After baggung iss niggs drohmgschdanna
Am blärrä iss kanner rummgschdanna
Äschd hobby gwingd obber kannär haddmi gsehng
Nou Hobby gschriah obber kanner haddmi ghäyrd
Nou hobbermi ohhdsundn
Deswehng A di brandwundn
Aff a Moll wohns alle dou

Eskalation

Für Donald Scott Peterson

Am Morgen ist keiner aufgestanden
Am Bus ist keiner angestanden
In der Zeitung ist nichts dringestanden
Auf der Packung ist nichts draufgestanden
Am Plärrer ist niemand herumgestanden
Erst habe ich gewinkt, aber keiner hat mich gesehen
Dann hab ich geschrien, aber keiner hat mich gehört
Dann hab ich mich angezündet
Deswegen auch die Brandwunden
Auf einmal waren sie alle da!

Sibylle

Wou kummsdn nänn nou duh hähr
Vo dähamm
Wou gäysd nänn nou duh hieh
Fodd
Woss hasdnänn nou duh nu fuhr
Niggs
Wann bisdn dann widder dou
Schbedä
Bringsdmä woss mied
Fraaly
Woss bringgsd män nou mied
Ä sibylle

Sibylle

Woher kommst Du?
Von zu Hause
Wohin gehst Du?
Fort
Was hast Du vor?
Nichts
Wann bist Du wieder zurück?
Später
Bringst Du mir was mit?
Freilich
Was bringst Du mir denn mit?
Eine Sibylle

Hai Mahd

Für Nora und Lina

How much is how do you do?
And what about is the zoo?
Where for is from now on?
Und wann kummsdnänn nou du?
Vier ween issn alläss
Wenn kanner woss gräychd?
Wher dsinndn iss haus O
If the heart doesn't burn?

Wayfül issn wäi gäydsdänn
Um Woss gäydsnän bamm dsoo
Woss hassdn vo edds O
And when do you come?
For whom is it all
If no one gets nothing?
And who burns the house
Wenn iss hädds nämmer brennd?

Was kostet: wie gehts dir?
Worum handelt es sich bei einem Zoo?
Wozu dient ein: von jetzt an?
Und wann kommst denn du?
Für wen ist denn alles
Wenn keiner was kriegt?
Wer zündet das Haus an
Wenn das Herz nicht mehr brennt?

Raichsdon!
(a bridged version in Frängisch)

Für Silvia Cernea Clark

Iss wassär Hobby rauschn gheard
Di fischli Hobby schnaufn gheard
Gsehng Hobby allers affder welld
In walld di schdadd äss groos iss felld
Woss leffd schwimbd grabbeld odder fläychd
Woss bah hadd odder undn gräychd
Un waalis gsehng hobb mouwi soohng
Ähjedä willin andän an groohng
Di viecher undi greadur
Sinn blouws amkämbfn inannärä dur
Sugoa di feegl raffn si mahni
Drumm sämmsärsi im anna ani
Dassi änandä alle vänichdn
Wennds ka rechd gibbd und kanne grichdn
Drumm wählmä än keenich undä rechd
lehngfesd währ däherr iss und währ dä gnechd

Walther von der Vogelweide: Reichston

III   Ich hôrte diu wazzer diezen
       und sach die vische fliezen;
       ich sach swaz in der werlte was,
       velt walt loup rôr unde gras,
5   swaz kriuchet oder fliuget
       oder bein zer erde biuget.
       daz sach ich, unde sage iu daz:
       der deheinez lebet âne haz.
       daz wilt und daz gewürme,
10   die strîtent starke stürme,
       sam tuont die vogele under in,
       wan daz si habent einen sin:
       si diuhten sich ze nihte,
       si enschüefen starc gerihte.
15   si kiesent künege unde reht.
       si setzent herren unde kneht.

Walther von der Vogelweide: Reichston
(Nachdichtung von Gerhard Falkner)

Ich hörte die Wasser rauschen
und sah die Fische dahinschwimmen,
ich sah alles, was in der Welt war:
Wald, Feld, Laub, Rohr und Gras.
Alles, was schwimmt oder fliegt
oder die Beine erdwärts biegt,
das sah ich und sage euch Folgendes:
keines von diesen lebt ohne Hass.
Das Wild und das Gewürm
fechten schwere Kämpfe aus,
ebenso tun es die Vögel untereinander,
nur in einer Hinsicht sind sie einer Meinung:
sie wären verloren,
wenn sie kein strenges Gerichtswesen einsetzten.
Sie wählen Könige und Recht,
sie bestimmen, wer Herr sein soll und wer Knecht.

Ehr

Sai vaddä woascho wäyer affd welld kummä iss
ä aldär Moh
Sai muddä haddsi middäräm jedn Ei glassn
un schdäyd edz im Väkährsmuseum
Baddi gschwisdä hadd godd nedd gwärfld
sondern gschusserd
Di massdn senn Ei glochd
Ehr iss dä aandsichä
Vodeem mä nedd wass
wouä bliem iss

Er (Ehre)

Sein Vater war bereits als er auf die Welt kam
ein alter Mann
Seine Mutter hat sich mit jedem eingelassen
und steht jetzt im Verkehrsmuseum
Bei den Geschwistern hat Gott nicht gewürfelt
sondern geschussert
Die meisten stecken im Gefängnis
Er ist der einzige
von dem man nicht weiß
wo er geblieben ist

Bier Sing und Daduu

Äschd homms di augn ghabbd
Undi hoar
Dou haddmä halld hiegschaud
Nou homms inn gang ghabbd
Odder die Bah
Dou haddmer hald hiegschaud
Nou homms die glaader ghabbd
Odder di häyd
Dou haddmer hald hiegschaud
Nou homms in schmugg ghabbd
Ä schbanga, än ring odder a keddn
Dou haddmer hald hiegschaud
Edz homms, wendz sunnsd niggs homm
Ä Bier Sing unnä Daduu!

Piercing und Tattoo

Erst hatten sie die Augen
Und die Haare
Da hat man eben hingeschaut
Dann hatten sie den Gang
Oder die Beine
Da hat man eben hingeschaut
Dann hatten sie die Kleider
Oder die Hüte
Da hat man eben hingeschaut
Dann hatten sie den Schmuck
Eine Spange, einen Ring oder eine Kette
Da hat man eben hingeschaut
Jetzt haben sie, wenn sie sonst nichts haben
Ein Piercing und ein Tattoo

Hobbmi hobbs

I bindi drebbn naufganga, Sieh issdi drebbn rokumma
Scho hommäsi gsehng
I hobb hiegschaud und Sieh hadd härgschaud
Scho hadds gfunggd
I hobbs miedgnumma und Sieh is miedkumma
Scho simmär ganga
I hobbs härdsuung, Sieh haddmi hiedsuung
Scho hommäsi ghissd
I hobbmi hiegliechd und sieh haddsi draffghoggd
Scho woas bassierd

Habe mich, habe sie

Ich bin die Treppe hinaufgegangen, sie ist die Treppe heruntergekommen
Schon haben wir uns gesehen
Ich habe hingeschaut, sie hat hergeschaut
Schon hat's gefunkt
Ich hab sie mitgenommen, sie ist mitgekommen
Schon gingen wir los
Ich zog sie an mich, sie zog mich an sich
Schon haben wir uns geküsst
Ich hab mich hingelegt, sie hat sich draufgesetzt
Schon war's passiert

Onedi

I konn onedi nedd leidn
Unn konn onedi nedd schdraidn
I schaffs aimbfach nedd di dsu väliern
I brauchdi ummi dsu khabbiern
I dännerdi mehng aff deifl kummraus
I dsäychärd vier dieh indä argdiss mi aus
I lachädd midoud vier dieh wenni kennd
I schdaichädd vier dieh inn senggrechde wänd
I väliererd vier dieh inn kubf und inn groong
I schbringgädd vier dieh assm achdzenndn schdogg
I louärd vier dieh allers liehng und schdäy
I kännerd vier dieh iebers wassä gäy
I väschdäggäd Mai messä
... undä daim rogg

Ohne dich

Ich kann ohne dich nicht leiden
Und kann ohne dich nicht streiten
Ich schaff's einfach nicht, dich zu verlieren
Ich brauch dich um mich zu kapieren
Ich würde dich lieben auf Teufel komm raus
Ich zöge für dich in der Arktis mich aus
Ich lachte mich tot für dich, wenn ich könnte
Ich stiege für dich in senkrechte Wände
Ich verlöre für dich den Kopf und den Kragen
Ich spränge für dich aus dem achtzehnten Stock
Ich ließe für dich alles liegen und stehen
Ich würde für dich übers Wasser gehen
Ich vergrübe mein Messer
... unter deinem Rock

Mai schwadds hemmerd

Haid nämmi Mai schwadds hemmerd
Wahlds drassn scho glay demmerd
Dämiddmi kannär sichd
Mai hemmerd hadd schwaddse gnebfli
Däy schimmern way schwaddse kebfli
Im demmerndn lichd
Mai schwadds hemmerd/ Mai schwadds hemmerd

Undär maim schwaddsn hemmerd
Hebbdsi Mai waise brusd
Hämmerd Mai dunglrouds hädz
Volaudä fraid und lusd
Hämmerd gecher di gnebfli
Däy schimmärn wäy schwaddse kebfli
Im dussd
Mai schwadds hemmerd / Mai schwadds hemmerd

Mai haud brennd wäy brennessln brenna
Durchs hemmerd gaidmä däwind
Dä Mai iss im Mai fühl schennä
Wäy im windä dä wind mid saym grind
Ich machmä inns hemmerd än gnoodn
Dasserdi nedd vä:gess
Und schlaichmi affalle phier pfoodn
Innärä andrä address
Mai schwadds hemmerd / Mai schwadds hemmerd

Mein schwarzes Hemd

Heut nehme ich mein schwarzes Hemd
Weil's draußen schon gleich dämmert
Damit mich keiner sieht
Mein Hemd hat schwarze Knöpfchen
Die schimmern wie schwarze Köpfchen
Im Dämmerlicht
Mein schwarzes Hemd, mein schwarzes Hemd!

Unter meinem schwarzen Hemd
Hebt sich meine weiße Brust
Hämmert mein dunkelrotes Herz
Vor lauter Freude und Lust
Hämmert gegen die Knöpfchen
Die schimmern wie schwarze Köpfchen
In der Düsternis
Mein schwarzes Hemd, mein schwarzes Hemd!

Meine Haut brennt wie Brennnesseln brennen
Durchs Hemd geht mir der Wind
Der Mai ist im Mai viel schöner
Als im Winter der Wind mit seinem Grind
Ich mach mir ins Hemd einen Knoten
Damit ich dich nicht vergesse
Und schleiche auf allen vier Pfoten
Zu einer andren Adresse

Mein schwarzes Hemd, mein schwarzes Hemd!

Gredd

Dä vaddä voddä brunni
Hadd
Middä muddä voddä mooni
Woss ghabbd
Woss hassdn woss ghabbd?
Woss woss ghabbd hassd
Wassi nedd
Wossi wass iss, dass woss gwehn iss
Woss hassdn woss gwehn iss?
Woss woss gwehn iss hassd, wassi nedd
Di Leid homm halld gredd
Woss hommsnän nou gredd?
Gredd homms halld
Wossi gsachd hobb

Gerede

Der Vater von der Brunhild
Hat
Mit der Mutter von der Monika
Was gehabt
Was heißt denn: was gehabt?
Was was gehabt heißt
Weiß ich nicht
Was ich weiß ist, dass was war
Was heißt denn, dass was war?
Was heißt, dass was war, weiß ich nicht
Die Leute haben eben geredet
Was haben sie denn geredet?
Geredet haben sie
Was ich gesagt habe

Dä schdurm / se dembesd

Für Diana Carrizosa

Di schdaanä homm dandsd
Di schdern Sinn gfluhng
Iss wassär hadd glendsd
Di bamm hommsi buung

Di bamm hommsi buung
Iss wassär hadd glendsd
Di schdern Sinn gfluhng
Di schdaanä homm dandsd

Di schdaanä homm dandsd
Di nachd haddsi drehd
Di bamm hommsi buung
Dai Hoaräh Sinn gwehd

Der Sturm / The Tempest

Für Diana Carrizosa

Die Steine haben getanzt
Die Sterne sind geflogen
Das Wasser hat geglänzt
Die Bäume haben sich gebogen

Die Bäume haben sich gebogen
Das Wasser hat geglänzt
Die Sterne sind geflogen
Die Steine haben getanzt

Die Steine haben getanzt
Die Nacht hat sich gedreht
Die Bäume haben sich gebogen
Deine Haare sind geweht

Schdrassäbo

Drassn fährd die schdrassäbo
Drinna hoggd ä schäynä mo
Drohma affsayn glanna khubf
Souchd ä muggn underschlubf

Drundn Inder beggerai
Wadd beraids di bolli dsai
Kaum dass dä moh di boh välassd
Iss die muggn ah scho gfassd

Straßenbahn

Draußen fährt die Straßenbahn
Drinnen sitzt ein schöner Mann
Oben auf seinem kleinen Kopf
Sucht eine Fliege Unterschlupf

Unten in der Bäckerei
Wartet schon die Polizei
Kaum dass der Mann die Bahn verlässt
Ist die Fliege schon gefasst

fildz, eiss, elephandn, eisn und sanddörddla

Für Joseph Beuys, Fritjof Nansen, Lotte von Weimar,
Otto von Bismarck und Marcel Proust

fildz: iss ungeweebde, gewallgde, innäränander vähaarde midd fedd

eiss: iss gfruräne, grissdallisierde, subblimierde wassär am bohl

elephandn: iss (Hoddell) vierdi väflossne vo göde in waimah nach dhomas mann

eisn: medall ausdä aldmarg zur schdärgung des braissischn naggns

sanddörddla: brophanä hosdiä,
gedauchdes gebägg zudder affrischungung vodder dsaid

Filz, Eis, Elephant, Eisen und Sandtörtchen

*Für Joseph Beuys, Fritjof Nansen, Lotte von Weimar,
Otto von Bismarck und Marcel Proust*

Filz: das ungewebte, gewalkte, ineinander Verhaarte mit Fett

Eis: das gefrorene, kristallisierte, sublimierte Wasser am Pol

Elephant: das (Hotel) für die Verflossene von Goethe nach Thomas Mann

Eisen: Metall aus der Altmark zur Stärkung des preußischen Nackens

Sandtörtchen: profane Hostie
Getunktes Gebäck zur Auferstehung der verlorenen Zeit

Middärämm:
Nänedd dessaanu!
Hälldmerci
Vom leib
Woss dsphyl iss
Dsgrous, dsbscheed
Und ohmdraynu
Dsuschood
Vier di dsaid

Mit einem:
Nur nicht auch das noch!
Hält man sich
Vom Leib
Was zuviel ist
Zu groß, zu spät
Und obendrein
Zu schade
Für die Zeit

Hoffnung

Wenndsn siggsd, saggsdn
   Ehr brauchdsi goanämmär bliggnlassn
Wenndsn siggsd, saggsdn
   Ehr Kummer gschdulln blaim
Wenndsn siggsd, saggsdn
   Saigschmarri konnersi schboan
Wenndsn siggsd, saggsdn
   Desmoal gibbdz kanne baggers
Wenndsnänn nedd siggst, saggsd
   Nänn niggs
villaichd kummdädann jawidder!

Hoffnung

Wenn du ihn siehst, sagst du ihm
    Er braucht sich gar nicht mehr blicken lassen
Wenn du ihn siehst, sagst du ihm
    Er kann mir gestohlen bleiben
Wenn du ihn siehst, sagst du ihm
    Sein Geschwätz kann er sich sparen
Wenn du ihn siehst, sagst du ihm
    Diesmal gibt's kein Pardon
Wenn du ihn nicht siehst, sagst du ihm
    Nichts!
Vielleicht kommt er dann ja wieder

Anglsaggsn & Anglfranggn im Hai haufm

Woss maggsd nänn
    Nouduudou
I seek the needle
In the haystack
Wäy willsdn dess
    O schdelln
I am an old hand
At the game
Maansd no dess
Schaffsd
I am as keen as a mustard
About it
Woss maggsd nänn nou
Wendsds gfunna hassd
I let the grass grow
under my feet

Angelsachsen und Angelfranken im Heuhaufen

Was machst du
denn da?
*Ich suche die Nadel
im Heuhaufen!*
Wie willst du das denn
anstellen?
*Ich bin ein alter Hase
in solchen Spielchen*
Meinst du denn
das gelingt dir?
*Ich bin scharf darauf
wie ein Rettich!*
Was machst du denn
wenn du sie gefunden hast?
*Dann leg ich mich
auf die faule Haut!*

Pho däy zwah
iss dä A schenner wäy där Ander
wenn däy affm gee schdaich schdayblaim
noumahnsdnä grood, nabboleon
driffd aff gödhe
(odder äsgängerd ummänän neggsdn reichsdooch)
däbai gäyds umm niggs waidä
wäy ummbs wassdscho
ummbs schannohie oddär ummbs
machmi nedd näsch
ähjedä dreedzi in bossi Dur
dassnänn no joah äjedä Sicht
und rolld middi augn,
däbai schauersässi nedd ämoal O
wenndsässi dreffn
si dännäsi schäy
ins gsichd nai
däbai hommsäsi gfressn

Von den beiden
ist einer schöner als der andere
wenn die auf dem gehsteig stehen bleiben
könnte man (fast) meinen, napoleon
trifft auf goethe
(oder es ginge um den nächsten reichstag)
dabei geht es um weiter nichts
als um ein: *du weißt schon*
um s*chau dir das bloß an* und um ein
mach mich nicht verrückt
jeder wirft sich in positur
dass ihn nur ja jeder sieht
und sie rollen die augen
aber sie schauen sich nicht einmal an
wenn sie sich begegnen
sie tun sich schön
ins gesicht
dabei können sie sich nicht ausstehen

Biss indi bubbn

Wänns schbehd wädd
Issmä
Ä biss indi bubbn läibä
Wäyä
Glabbs affn hindän

Wänns schbehd wädd
Issmä ä
Baddi baa baggn läibä
Wäya jeeds
Afdi soggn machn

Biss in die Puppen

Wenn es spät wird
Ist mir
Ein Biss in die Puppen lieber
Als ein
Klaps auf den Hintern

Wenn es spät wird
Ist mir ein
Bei den Beinen rannehmen lieber
Als jedes
Sich auf die Socken machen

Ess woar graisly
I hobb goanedd hieschaua kenna
Drumm konnädä A nedd soong
Woss gwehn iss, I hobb nämli
Waali nedd hieschaua hobb kenna
niggs gsehng
Wouhäri obber gwissd hobb, dassi
Nedd hieschaua konn, wenn, waali
Nedd hiegschaud hobb, niggs gsehn
Hobb kenna, wassi a nedd

Es war grässlich
Ich konnte gar nicht hinschauen
Darum kann ich dir auch nicht sagen
Was passiert ist. Ich habe nämlich
Weil ich gar nicht hinschauen konnte
Nichts gesehen
Woher ich allerdings wusste, dass ich
nicht hinschauen kann, weil ich, wenn ich
nicht hingeschaut habe, ja nichts gesehen
Haben kann, das weiß ich auch nicht

Su schnell konns gäy

I binn su aufgreechd gwehn
I hobb di schdrass
Nedd gsehng
I hobb iss gschrai
Nedd ghärd
I hobb blous gschaud
Dass Mai mä dsehdes fährd
Aff A Moll hadds grachd
Undi daschn senn gfluhng
Sieh iss doddglehng
Und hadd dou
Wäyer Glanz audo
Und ehr haddsi
Affm buudn buung
undgschria

Ann dooch schbeedä
iss Inder Dsai Dung
gschdanna
Ä (schdadd bekanndä) dichdä
Und raasä
Haddsi nach annärä foaräfluchd
Dähuddsd**

** dähuddsn: bei jeglicher Art von Fortbewegung durch überhöhte Geschwindigkeit ums Leben kommen

so schnell kann es gehen

ich war so aufgeregt
ich habe die straße
nicht gesehen
ich habe das geschrei
nicht gehört
ich hab nur darauf geachtet
dass mein mercedes fährt
auf einmal hat es gekracht
und die taschen sind geflogen
sie lag da
und hat geheult
wie ein kleines auto
er hat sich
auf dem boden gewunden
und geschrien

einen tag später
stand in der zeitung
ein stadtbekannter dichter
und raser
ist nach einer fahrerflucht
tödlich verunglückt[**]

[**] dähuddsn: bei jeglicher Art von Fortbewegung durch überhöhte Geschwindigkeit ums Leben kommen

Orresd

Mai mudder hadd blumma nedd gmechd
Blous kanne blumma und blous kanne viechä
Blous kanne bamm im gaddn, blous kann sand
Hadds gmahnd, dou haddmä dauärnd di hoar
Odder di fehdern odder di bläddär odder iss laub

Mudder, hobby gsachd, wämmä kanne bamm mooch
Weecherm laub moochmä A kanne kinder wämmer Kanne
Kindä mooch mooch mä A si sälbä nedd
Und wämmä Kanne Blumma mooch iss iss Lehm
Suwisuu ummersunnsd

Orestes

Meine Mutter mochte keine Blumen
Bloß keine Blumen und bloß keine Tiere
Bloß keine Bäume im Garten, bloß keinen Sand
Sagte sie immer, da hat man nur die Haare
Oder die Federn oder die Blätter oder das Laub

Mutter, habe ich gesagt, wenn man keine Bäume mag
Wegen ihres Laubs, mag man auch keine Kinder, wenn man
Keine Kinder mag, mag man auch sich selbst nicht
Und wenn man keine Blumen mag, ist das Leben
Sowieso völlig umsonst

Du sollsd dir Kain Bld machn

Bld, Bld, ä Bldla, di Bld
Bld, Morrng, Bld, Morrng, Morrng
Bld.
Enn Enn!
Bld, Bld, Bld
Bld, aine Bld Dzai Dung
Bld, Bld, Bld!
Bld, Bld, Bld!
Morrng. Di Bld
Moing.
Woss?
Moing!
Bld, Morrng, Morrng
Bld.
Enn Enn!
Bld, Bld, Bld
Ah Dsedd. Wäy?
Ah Dsedd!
Morrng.
Äh Noachrichdn.
Bld, Bld, Iss Bldla.
Di Bld.

Eine Frankfurter Allgemeine, bitte.
Hä?
(Wossissnänneddsdess vierä debb)

Du sollst dir kein Bild machen

Bild, Bild, ein Bildlein, die Bild
Bild, guten Morgen, Bild, guten Morgen, guten Morgen Bild.
NN! (Nürnberger Nachrichten/Kindersprache für Autogeräusch)
Bild, Bild, Bild
Bild, eine Bildzeitung
Bild, Bild, Bild!
Guten Morgen. Die Bild
Moign!
Was?
Moign!
Bild, guten Morgen, guten Morgen
Bild
NN! (Nürnberger Nachrichten)
Bild, Bild, Bild
AZ. (Abendzeitung). Wie bitte?
AZ! (Abendzeitung)
Guten Morgen.
Eine Nachrichten!
Bild, Bild, das Bildlein.
Die Bild.

Eine Frankfurter Allgemeine, bitte.
Hä?
(Was ist das denn für ein Depp!)

Marcha redd

Di gandds nachd hadds gredd
Griena und gredd
Pho alle saidn hadds gredd
Manchmoal pho undn rauf
Manchmoal pho oom rundä
Ire wöddä haddmä nedd gseeng
obwoolds schnäbl ghabbd homm und feedän
Mier iss gands schwadds woann fuhrdi augn
su schwär senns phobaigfluung
Kanne glännern minuddn hadds schainds
nedd gfunna wäy maine
umma draya Inder fräy!
David Lynch, hadds gsachd,
iss ä dreeg dägeeng ...
It's Lombard Street to a China Orange!***
hobbämä dengd
Ire augn, hadds gsachd, senn blous nu
phädambfde dableddn
Si mäysärd, wennds gängerd, dsumm Doggsie
Kolloogn
Si kummd Inder fräy goah nämmä
phoddi baa rundä
Ire hoar, hadds gsachd, machn änn bro dsess durch
voddä marcha redd zudder sulla midd
Ir gands gold wädd dsu asche
Mä hadd ire wöddä nedd gseeng
obbär irn winnd haddmä ghärd
Änn winnd, der gredd hadd und griena
griena und gredd

Obbi wass, woss ä graids khusina hairädd iss
odder ä diamedrals khonkhu binaad
haddsmi gfrouchd, um draya nachds
Dann iss ganga

Edds schnaids. Edds häirdmä blous nu
di schneefloggn fläing

*** Den englischen Kommentar zur geschilderten Situation muss man sich mit stark sächsischem Akzent ausgesprochen vorstellen.

Margarete

Sie hat die ganze Nacht geredet
Geweint und geredet
Von allen Seiten hat sie geredet
Manchmal von unten herauf
Manchmal von oben herunter
Ihre Worte hat man nicht gesehen
obwohl sie Schnäbel hatten und Federn
Mir wurde ganz schwarz vor Augen
so schwer sind sie vorbei geflogen
Sie hat, wie es scheint, keine kleineren Minuten
gefunden als meine
morgens um Drei!
David Lynch, sagte sie, sei ein Dreck dagegen ...
It's Lombard Street to a China Orange!***
hab ich mir gedacht.
Ihre Augen, sagte sie, seien nur noch
verdampfte Tabletten
Sie müsste, wenn möglich, zum Toxi-
kologen
Sie komme morgens überhaupt nicht mehr
von ihren Beinen herunter
Ihre Haare, sagte sie, befinden sich in einem Prozess
von Margarete zu Sulamith
Ihr Gold werde zu Asche!
Man hat ihre Worte nicht gesehen
Aber ihren Wind hat man gehört
Einen Wind, der geredet hat und geweint
geweint und geredet
Ob ich wisse, was eine Kreuzkusinenheirat sei
oder ein diametrales Konkubinat

hat sie gefragt, - um drei Uhr morgens!
Dann ist sie gegangen.

Jetzt schneit es. Jetzt hört man nur noch:
die Schneeflocken fliegen.

*** Den englischen Kommentar zur geschilderten Situation muss man sich mit stark sächsischem Akzent ausgesprochen vorstellen.

Sulla midd

am fensdä bissd gschdandn
inn dainä roudn wesch
wäydä schdengl
vonnärä dulbm
inn irä blühdn
iss roud vom schdoff
haddsi
pho laudä waiss
woss douw eidauchd iss
goanämmä khennd
pho drassn rai
issdä iss lichd
affdi haud gfalln
maine augn homm gschnirschd
wäy schdiefl im schnäy
nochädd
hobberdi baggd baddi baa
hobbdi affs bedd gleechd
hobbdä di dulbm ausdsuung
hobbdä a khissn undän hindän
gschuum
un binn inn urlaub gfoahn

Sulamith

Am Fenster bist du gestanden
in deiner roten Wäsche
wie der Stängel
einer Tulpe
in ihrer Blüte
Das Rot des Stoffs
wusste gar nicht mehr ein noch aus
vor lauter Weiß
das darin eingetaucht
Von draußen herein
fiel das Licht
auf deine Haut
Mir haben die Augen geknirscht
wie Stiefel im Schnee
Da
hab ich dich bei den Beinen gepackt
hab dich aufs Bett gelegt
hab dir die Tulpen ausgezogen
hab dir ein Kissen unter den Hintern
geschoben
und bin in den Urlaub gefahren

haim und welld

Für Alice Donahue

inn maine fiehr wend
hobby A blous zwaa hend
un nachdä deggn
mouämih gnauäsuh schdreggn
un maine aung
seeng A blouws woss douwiss
wennds woss nedd gibbd
wassi a nedd wous nouw iss

vier ä schdund
brauchi A Mai minuddn
und aff hundärd meeder
moui gnauäsu schburddn
wossi nedd hobb
fähld inn maim schadds
unfiehr Mai kadds
gibds immäränn bladz

Heim und Welt

Für Alice Donahue

In meinen vier Wänden
Hab ich auch bloß zwei Hände
Und nach der Decke
Muss ich mich ebenso strecken
Und meine Augen
Sehen auch nur, was da ist
Wenn es etwas nicht gibt
Weiß ich auch nicht, wo es ist

Für eine Stunde
Brauch ich auch meine Minuten
Und auf hundert Meter
Muss ich ebenso spurten
Was ich nicht habe
Fehlt mir im Schatz
Und für meine Katze
Ist immer ein Platz

Frangnhausraif gschbrochn!

Naahli mecherdi am läybsdn
Edz obber! gsacht hohm
undswoar: *edz obber lous!*
obber ess wo:r bamm besdnwilln
nunni suwayd
di ahn hommnu gessn
Unsinn doddghoggd wäy hiehbeddonierd
di andern Sinn dummrummgschdandn
di driddn homm heggsdns gsachd
glai!
glai, wosshassdn edz glai
niggs »glai« Hobby deng.gd
edz!
obberdann hommsnu än schnabbs Kummer lassn
unnou iss dochwidder schbeht gwonn!

Frankenhausreif gesprochen!

Kürzlich hätte ich am liebsten gesagt:
Jetzt aber!
Genauer gesagt: *jetzt aber los!*
Aber es war beim besten Willen
Noch nicht an der Zeit
Die einen haben noch gegessen
Und sind da gesessen wie hinbetoniert
Die anderen sind dumm herumgestanden
Die dritten haben höchstens gesagt:
gleich!
Gleich! Was heißt denn da gleich!
Nicht »gleich«! hab ich gedacht:
Jetzt!
Aber dann haben sie noch einen Schnaps kommen lassen
Und dann ist es doch wieder spät geworden!

Dess gibbds aff kann Schiff

Dehm sai gandse Reederei
Leffd draff naus
Dassär sachd
Iss Wasser
Schdäydn biszumm halds

Dehm sai gandse Reederei
Leffd draff naus
Dasser sachd
dä himml issnänn nedd houch gnouch
di weech sännern nedd braid gnouch
di dsaid iss nänn nedd lang gnouch
iss wassä iss nänn nedd däif gnouch
odder aimbfach
dasser nedd gnouch graichd

Das gibt es doch auf keinem Schiff

Sein ganzes Gerede
Läuft darauf hinaus
Dass er sagt
Das Wasser
Steht ihm bis zum Hals

Sein ganzes Gerede
Läuft darauf hinaus
Dass er sagt
Der Himmel ist ihm nicht hoch genug
Die Wege sind ihm nicht breit genug
Die Zeit ist ihm nicht lange genug
Das Wasser ist ihm nicht tief genug
Oder ganz einfach
Dass er nicht genug kriegen kann!

Glanne waggäli

Iss gaggäla iss aans voddi gaggäli
Iss achäla iss aans voddi achäli
Iss maichäla iss aans voddi maichäli
Iss grachäla* iss aans voddi grachäli
Iss waggäla** iss aans voddi waggäli
Iss weechäla iss aans voddi weechäli

* grachäla/Kracherlein: kleiner Feuerwerkskörper
** waggäla/Waggerla: putziges Kleinkind (Koseform)

Knuddelkinder

Das Ei ist eins von den Eiern
Das Eichhörnchen ist eins von den Eichhörnchen
Das Mauerblümchen ist eins von den Mauerblümchen
Das Kracherlein* ist eins von den Kracherlein
Das Waggerla** ist eins von den Waggerli
Das Wägelchen ist eins von den Wägelchen

* grachäla/Kracherlein: kleiner Feuerwerkskörper
** waggäla/Waggerla: putziges Kleinkind (Koseform)

SHANNOHIE

Shannohie, wäy däa scho doddstäyd
wäy ä achäla, wendz blidzd
ä sua gschdell, sua dahmischs
aldz obbsn hiegschissn häddn
allah scho dey bah, drimmär husn

und kann Oohsch drinn,
Shannohie, wäy däa scho doddstäyd
zammgschdelld wäya bäysä fingä
obber ieberohl dä äschdde
däa inn groohng reggd
wendz woss zgloddzn gibbd
a Bäydärla aff alle Subbn
nix im Kubf
obber a waffel
dass nä su grachd

SHANNOHIE

Schau nur hin, wie der schon dasteht!
Wie ein Eichhörnchen, wenn's blitzt
So ein Gestell, so ein blödes
Als ob man ihn hingeschissen hätte
Allein schon diese Beine, riesige Hosen
Und kein Arsch darin
Schau nur hin, wie der schon dasteht!
Zusammengestellt wie ein böser Finger
Aber überall der Erste
Wenn's etwas zu Gaffen gibt
Die Petersilie auf jeder Suppe
Nichts im Kopf
Aber ein Mundwerk
Dass es nur so kracht!

Waddn affdi sunna

    Affdä wiesn
Schdenna di blumma
    Dausnd
Gelbe lichdla
    Innärä kassärn
Vo dau drobbfm
    A wind
In annära helln bluusn
Bauschd si indi bisch
    Oma
Rauschn di wolgn

Warten auf die Sonne

    Auf der Wiese
stehen die Blumen
    Tausend gelbe Lichter
in einer Kaserne
    von Tautropfen
Ein Wind
    in einer hellen Bluse
bauscht sich in den Büschen
    Oben
rauschen die Wolken

baddi andern
dre I Mai hend nedd um
obber baddier
härerd i goar nimmer auf
middm hend umdrea
wail A saidn
schenner iss alds di andre

bei den anderen
würde ich meine Hand nicht umdrehen
aber bei dir
kann ich gar nicht damit aufhören
die Hand umzudrehen
weil eine Seite
schöner ist als die andere

Walldä

I binn su doddghoggd affäräm schdaa
Midd iebäränandergschloongne baa
Draff gschdizd hobby main ällerbuhng
I hobb in maine hendnai gschmuhng
Mai kinn und ah Main baggn
I wolld iss rädsl gnaggn
Wäymä lehm mäysd afdä wälld
Hobbmä wäy näsch di frouchn gschdällld

Wäymär dray dinger äraychn kennerd
Dasskanns iss andre dädriggn dennerd
Di äschdn zwaa Sinn anschdand und ä haufn gelld
Woss nedd leichd aff ahn kubbf dsam felld
Dess dridde dess iss goddes sehng
Andehm issja dess massde gelehng
Däy dray häddi gärn middnandä im kasdn
Obber däs senn laidä unmehchliche lasdn
Dass ä phämöhng sich phädrächd middä Ehr
Un nocherdnu goddes sehng sich Vermeer
Middränandä zammfalln inäm ahnzichn hädz.

                                        Gekürzte Fassung

Walther

I   Ich saz ûf eime steine
     und dahte bein mit beine;
     dar ûf satzt ich den ellenbogen;
     ich hete in mîne hant gesmogen
5   daz kinne und ein mîn wange.
     dô dâhte ich mir vil ange,
     wie man zer werlte solte leben:
     deheinen rât kond ich gegeben,
     wie man driu dinc erwurbe,
     deheinez niht verdurbe.
     díu zwei sint êre und varnde guot,
     der ietwéderz dem andern schaden tuot,
     daz dritte ist gotes hulde,
     der zweier übergulde.
15 die wolte ich gerne in einen schrîn.
     jâ leider desn mac niht gesîn,
     daz guot und werltlich êre
     und gotes hulde mêre
     zesamene in ein herze komen.

        Walther von der Vogelweide, gekürzte Fassung

OBST

Obst fuhrm fänseher hoggsd
odder im Gfeng nis
iss iss gläiche
dä fänseher hadd bluos a wenng
än engäränn roahma
kossd gebiern
und umm dai essn
mousdy sälber kimmern

hindä giddä
oddä furdä
schbodd dschau
iss iss glaiche
blous hassd vier dimassdn
di schbodd dschau
lehms längli
bamm fänsehn
gibbds kha begnaadichung

fier än modd
gibbds äboa joa zuchddhaus
vier abdödung pho saim väschdand
gibbds khommedi
zumm doudlachn
midd äglärungä
wous lusdich iss
unndi noachrichdn
sänn suwisu
dierväsuche
am mendschn

OBST

Ob du vor dem Fernseher sitzt
oder im Gefängnis
läuft aufs Gleiche hinaus
das Fernsehen besitzt nur
einen etwas engeren Rahmen
kostet Gebühren
und man muss sich um sein Essen selbst kümmern

hinter Gittern
oder vor der
Sportschau
ist das Gleiche
nur bedeutet für die meisten
die Sportschau
lebenslänglich
beim Fernsehen
gibt es keine Begnadigung

für Mord
kriegt man ein paar Jahre Zuchthaus
für die Abtötung des eigenen Verstandes
gibt es comedy
zum Totlachen
(mit Erklärungen
wo es lustig ist)
und bei den Nachrichten
handelt es sich sowieso
um Tierversuche am Menschen

Wolln mäyn

Wenni wass
Dassi woss douw, wossi douw mouw
Wassi dassi dess wossi douw mouw
Bessä duowerd
Wennis douw wollerd
Waali wossi wüll bessä douw
Wäy dess wossi mouw

Wollen müssen

Wenn ich weiß
Dass ich etwas tue, was ich tun muss
Weiß ich, dass ich das, was ich tun muss
Besser täte
Wenn ich es tun wollte
Weil ich das, was ich will, besser tue
Als das, was ich muss

Schwaddsbierli

Wenni kanne schwaddzbierli zubbfm woar
Binni dähamm ghoggd und hobbmä deng.gd
Obbi nedd nu schwaddzbierli zubbfm gäy
Wenni dann nu schwaddzbierli zubbfm ganga binn
Binni im walld ghoggd und hobbmä deng.gd
Wossi midd denni gandsn schwaddzbierli mach
Midd maine blauä fingä und
maine blauä libbm

Blaubeeren

wenn ich nicht Blaubeeren pflücken war
saß ich zu Hause und habe überlegt
ob ich nicht noch Blaubeeren pflücken gehen sollte
wenn ich dann noch Blaubeeren pflücken gegangen bin
saß ich im Wald und dachte mir
was mach ich jetzt bloß mit diesen vielen Blaubeeren
mit meinen blauen Fingern und
meinen blauen Lippen

He, who is watching me, is me, who is watching him
 watching me watching him watching me!
Dähr, woumi beobachd, binn I, dährnänn beobachd
 wäyyermi beobachd wäyynänn iech beobachd wäyyer-
 miech beobachdedd!

> (keine Übersetzung erhältlich)

Iss schennsde am frängischn dialeggd iss di frängische landschaffd
Iss bessde am frängischn dialeggd iss iss frängische brood
Iss grassesde am frängischn dialeggd iss dä frängische schbargl
Iss gressde am frängischn dialeggd iss dä frängische wein
Iss gschaidsde am frängischn mendschn iss dä mendschliche fran.ge

Das Schönste am fränkischen Dialekt ist die fränkische Landschaft
Das Beste am fränkischen Dialekt ist das fränkische Brot
Das Krasseste am fränkischen Dialekt ist der fränkische Spargel
Das Größte am fränkischen Dialekt ist der Frankenwein
Das Gescheiteste am fränkischen Menschen ist der menschliche Franke

babbligg affähr

woss woss gschaid schäy iss
mou nedd väkhärd sai
woss woss niggs kosd
konn wergli woss wärd sai
woss wossmär nedd sichd
konn droddsdehm ja dou sai
woss ann nedd Licht
mou ja nedd gschdelld sai

brodelnde liebschaft –
öffentliche angelegenheit

etwas, das sehr schön ist
muss nicht verkehrt sein
etwas, das nichts kostet
kann trotzdem was wert sein
etwas, das man nicht sieht
kann trotzdem ja da sein
etwas, das einem nicht liegt
muss ja auch nicht gestellt sein

LOVE

ihre
fiehr buggschdoam
hassen LOVE
maine drai hend
langerdn nedd
vier A moll
hie langä

LOVE

Ihre
Vier Buchstaben
Heißen (hassen) LOVE
Meine drei Hände
Reichten nicht aus
Um da einmal
Hinzufassen

Di gellbäroum
hassn eds kha roddn
di gellberli
bfiffer linge
adee
hassds edds A nämmä
edds hassds
sähsla, dschüssibüssi, haudinai

Die gelben Rüben
heißen jetzt Karotten
die Gelberli
Pfifferlinge
Ade
sagt man jetzt auch nicht mehr
Jetzt sagt man:
Servuslein, Dschüssibussi, hau rein

Heinerle, Heinerle

I kenn Kanne schdrassn und wass Kanne noma
I wass nedd woss undn iss und nedd woss Oma
I konn Kanne noodn und kenn Kanne Leid
A wenni gschaid dumm binn binni lang nunni gschaid

Mai mund iss ä moond midd zwaa libbn
Mai auch iss ä schdern midd daim lichd
Mai Mai iss ä monadd midd diggn
Mai schnäy iss woss waissess dsumm schibbn
Mai hädds issä woong wännär brichd

A wenni ä ur siech wassinedd waid
wennimi bugg lachn di Leid
Wenni väkähd gäy mouämi schiggn
Dess kosdmi main kubbf nedd
Dess kosdmi heggsdns Mai dsaid

Heinrich

Ich kenn keine Straßen und weiß keine Namen
Ich weiß nicht, was unten ist, und nicht was oben
Ich kann keine Noten und kenne keine Leute
Ich bin gescheit dumm aber längst nicht gescheit

Mein Mund ist ein Mond mit zwei Lippen
Mein Auge ein Stern mit deinem Licht
Mein Mai ist ein Monat mit Tücken
Mein Schnee etwas Weißes zum Schippen
Mein Herz ist ein Wagen, der bricht

Wenn ich eine Uhr seh, weiß ich auch nicht weiter
Wenn ich mich bücke, lachen die Leute
Wenn ich falsch gehe, muss ich mich sputen
Das kostet mich nicht meinen Kopf
Das kostet mich höchstens meine Zeit

Aff annärä aldn
　　Briggn
Dreffn si dswaa
　　Bäriggn
Voddä Anna
　　Sinn di loggn
Nunni droggn
　　Voddä andern
Hänga di schdrähna
　　Bis zuddi
Drähna

Auf einer alten
    Brücken
Treffen sich zwei
    Perücken
An der einen
    Sind die Locken
Noch nicht trocken
    An der andern
Hängen die Strähnen
    Bis zu den
Tränen

SAIDI

Saidi di hobb schdäy seehng
Middn Inder dsaid
Senn maine dsaichä schdäy bliehm
Wäy Inder eewich khaid

Saidi di hobb gäy seehng
Middn durchdi whelld
Kenni goa kha whelld mähr
Wous mä edds nu gfelld

Saidi di hobb reedn härn
Middn afdär schdrass
Siechi kanne weech mähr
Jehdäs wodd blaibd blass

Saidi di hobb flaing seehng
Fodd ass mäine augn
Rierdsi waid & braid niggs
Mai Lehm doud niggs mähr daung

SAIDI

Seit ich dich stehen sah
Mitten in der Zeit
Sind meine Zeiger stehen geblieben
Wie in der Ewigkeit

Seit ich dich gehen sah
Mitten durch die Welt
Kenn ich keine Welt mehr
In der's mir noch gefällt

Seit ich dich reden hörte
Mitten auf der Straße
Seh ich keinen Weg mehr
Jedes Wort bleibt blass

Seit ich dich fliegen sah
Fort aus meinen Augen
Rührt sich weit & breit nichts mehr
Will mein Leben nichts mehr taugen

Eiere

Midd eiere Leid
Und eierer Freid
Homm unsre henna
A schennere dsaid

Si braungn nämmer leeng
Und mäyn nämmer gaggern
Waal eiere Leid
Si sälbä abraggern

Si leegn ihre gaggerli
Umsunnsd in di nesdn
Waal eiere Leid
Sänn immä di besdn

Euere Eier

Mit eueren Leuten
Und euerer Freude
Haben unsere Hühner
Ein schöneres Leben

Sie müssen nicht mehr legen
Und müssen nicht mehr gackern
Weil euere Leute
Sich selber abrackern

Sie legen ihre Eier
Umsonst in die Nester
Denn euere Leute
Sind immer Bester

Frankens Nachtgesang

(80 Cent pro Minute)

→

@ @ @

← ←

♂ ♂ ♂ ♂ ♂

♀ ♀ ♀

♂ ♂ ♂ ♂ ♂

♀ ♀ ♀

@ @

€ € €

Haimvordail

Gschaide Leid
 gibbdz ieberohl
Gschaide Broadwärschd
 gibbdz blous in nämberch

Heimvorteil

Gescheite Leute
 gibt's überall
Gescheite Bratwürste
 gibt's nur in Nürnberg

UMM KUMMI NUNNI
SCHDERM
douwi äschdd schbeedä

Umm kummi nunni
umm kummi
wenni mooch
ka minuddn äyer
iss umm kumma
kummd nu fräy gnouch
haid obber gwies nunni
edds kummi äschdd
ämoal zuddier
nou schauwmä waidä

Umm kummi nunni
umm kumma doudmä
massdns, wends umm ann
E scho gscheeng iss
obb mäss wass
odder nedd
Ess umm kumma iss
blouws dä ledsde binnslschdrich
vonnäräm väddichn Bld
(schigg saal)
befuri umm kumm
one dassis wass
dassi umm kumm
mecherdi läybä schderm
inn daine arm
unn begroom sai
in daine augn
(SCHDERM!)

ICH KOMME JETZT NOCH NICHT UM
STERBEN
werde ich später

Ich komme jetzt noch nicht um
Ich komme um
Wann *ich* will
Keine Minute früher
Das Umkommen
Kommt noch früh genug
Heute aber bestimmt nicht
Heute komme ich erst einmal
Zu dir
Dann sehen wir weiter

Ich komme noch nicht um
Umkommen tut man
Meistens, wenn es um einen
Eh schon geschehen ist
Ob man das weiß
Oder nicht
Das Umkommen ist nur
Der letzte Pinselstrich
An einem Bild, das letztlich fertig ist
(Schicksal)
Bevor ich umkomme
Ohne dass ich weiß
Dass ich umkomme
Möchte ich lieber sterben
In deinen Armen
Und begraben sein
In deinen Augen
(STERBEN)

Du bissd nedd pho dära welld

Bai dier schdimmd alles hindävonn
Dou sidzd dä noabl Inder middn
Dou genga di arm bis zuddi hend
Und nedd waidä
Dou iss dä halds ä weech beraidä
Ands ufer pho daine dswaa libbn
Dai augn, däi kugln nedd rumm im gsichd
Si schdenna im dsenn drumm wäy bannäräm gedichd
Iss innäre lichd
Dai hoar, wends fläing, dann fangä
Sissi Widder
Wäydi welln imm wassä
Nachäräm gwidder

Du bissd pho annär saidn schännär
Wäy phodä andärn
Ä walld vuller lichd pho oom
Ä ((droobischer schdrannd)) pho unden
Ä naddurschuddsgebied und diefnresoor
Vier mainä bedroodn gedang.gn
Du bissdä welldraum vuller lichd
Di umlaufboan vier maine saddeliddn
Mä mechädd middier
Nedd schderm fuhr gligg, mä mechädd middier
Läybä im Lehm blaim, und hier!

Dainä fingä senn schlang.g und phonna
Nedd braidär (wäy hindn)
Innäräm jeedn schdeggd ä laichdä gedang.ge
Umm schwere dsaidn dsu iebäwindn

Daine arm lieng banadä wäy hero und leander
Kaum endwindsi dä anne, findsi dä ander
Wassä dsu wain iss niggs
Geechä dain mund saine wundä
Mä dauchd gands in ien ayn
Und gäid droddsdehm nedd undä

Du bist nicht von dieser Welt

Bei dir stimmt hint und vorne alles
Da sitzt der Nabel in der Mitte
Da gehen die Arme bis zu den Händen
(und nicht weiter)
Da ist der Hals ein Wegbereiter
Ans Ufer deiner beiden Lippen
Deine Augen, die kugeln nicht herum im Gesicht
Sie stehen im Zentrum wie in einem Gedicht
Das innere Licht
Deine Haare, wenn sie fliegen, dann fangen
Sie sich wieder
Wie die Wellen im Wasser
Nach einem Gewitter

Du bist von einer Seite schöner
Als von der anderen
Von oben ein Wald voller Licht
Ein tropischer Strand von unten
Ein Naturschutzgebiet und Tiefenressort
Für meine bedrohten Gedanken
Du bist ein Weltraum voller Licht
Die Umlaufbahn für meine Satelliten
Ich möchte mit dir
Nicht sterben vor Glück, ich möchte mit dir
Lieber am Leben bleiben, und hier!

Deine Finger sind schlank und vorne
Nicht breiter (als hinten)
In jedem von ihnen steckt ein leichter Gedanke
Um schwere Zeiten zu überwinden

Deine Arme liegen beisammen wie Hero und Leander
Kaum entwindet sich der eine, findet sich der andere
Wasser zu Wein ist nichts
Gegen die Wunder deines Mundes
Man taucht ganz in ihn ein
Und geht trotzdem nicht unter

Ä dsi droona

I sich ä glanne dsi droona
Däy Licht affm leern dellä
Und schdichd ab geechäs lichd
Wäya dsi droona scha bloona

Inder dsi droona schablona
Greisn di rudschädn khern
Um laudä sauers aroma
I sich di dsi droona nedd gern

Ir gelb schdichd ins auch wäya wesbm
Di sunna schriggd fur ir dsrigg
I glaaberd ess wer fassd am besdn
Mä bringädds inn loodn dsu rigg

Die Zitrone

Ich seh eine kleine Zitrone
Die liegt auf dem leeren Teller
Und hebt sich ab gegen das Licht
Wie eine Zitronenschablone

In dieser Zitronenschablone
Kreisen die rutschigen Kerne
Um lauter saures Aroma
Ich seh die Zitrone nicht gerne

Ihr Gelb sticht ins Auge wie die Wespe
Sogar die Sonne schreckt vor ihr zurück
Ich glaube, es wär fast das Beste
Man brächte sie in den Laden zurück

Iss well dia

homm quadd
homm quadd un quadd
homm gschaud
homm gschaud un gschaud
hommsi O dou
homm deng.gd
homm deng.gd un deng.gd
wou blaibdän näblous
homm quadd
homm quadd un quadd
hommsi O dou
kummer isser nedd

Das Wäldchen

Haben gewartet
Haben gewartet und gewartet
Haben geschaut
Haben geschaut und geschaut
Haben uns Sorgen gemacht
Haben gedacht
Haben gedacht und gedacht
Wo bleibt er denn nur
Haben gewartet
Haben gewartet und gewartet
Haben uns Sorgen gemacht
Aber er ist nicht gekommen

im Lehm nedd

waal, woumä A hieschaud
dess grood douiss, wossmä sichd
wämmers sichd
iss dess, wossmer nedd sichd
blous grood nedd dou
wämmers nedd sichd
waalmä nedd hieschaud
drumm moumä hieschauä
dämidd woss dou iss

Nie im Leben

Weil, wohin man auch schaut
das gerade da ist, was man sieht
wenn man es sieht
ist das, was man nicht sieht
nur gerade nicht da
wenn man es nicht sieht
weil man nicht hinschaut
darum muss man hinschauen
damit etwas da ist

weeche assdä vänumbfd

Iss kommunikhaddsionsharakiri
di infomaddsionsdiggdaddur
di mobbillidädsdirrhanai
di wäddschaffdswaggsdumsfollder
di arbaidsbladzäbressung
dä subbjeggdvälussd

woss weggsd Cindy roudn lisdn
woss schrumbfd Cindy waisn wesdn
woss blaibd Cindy fisdärn aussichdn

Wege aus der Vernunft

Das Kommunikations-Harakiri
Die Informations-Diktatur
Die Mobilitäts-Tyrannei
Die Wirtschaftswachstums-Folter
Die Arbeitsplatz-Erpressung
Der Subjekt-Verlust

Was wächst, sind die Roten Listen
Was schrumpft, sind die weißen Westen
Was bleibt, sind die finsteren Aussichten

KANNE BLUMMA

Für die verehrte, inzwischen verstorbene Inger Christensen
in Erinnerung an einen langen Nachmittag im Café Einstein

Iss gandse haus vuller Leid
Obber Kanne Blumma

Ess gibbd weggli vom begger
beggli vom schlegger
bodaggn vom agger
di schaufln vom bagger
inn messias vom hendl, di mondschain
vom brendl, iss messer
phom mäggi und maggi
bluss gnorr
ess gibbd
uursonadn und naddurdommaadn
schdadd nomaadn unn babbier solldaadn
miesich genger
und haads vier embfenger

Ess gibbd ä gands **zimmä** vuller Leid
obber

KANNE BLUMMA

Ess gibbd wassä vom brunna
lichd voddä sunna, frichd vodder erdn
bo dendds beschwerdn
bamm assn walld
ä gwidder, wänns gnalld
ess gibbd De Ess Ell und Ell Ess De
dransdsendends und schbül weh dsee
lieder vom ludder, glassigg von göde
madde maddigg und bedsiungsnöde
hiddlerbubbm, boodndrubbn
alde Leid und henna subbn

Ess gibbd
briehl und fi fiehl
dembo, rahma und adda
phimm und sunniehl
uhhu, loddo und dadda
addidas und bläy mobbiel
nie wea, buuma, bluuna, vanda
dschonni khäsch und fiad bannda
obbl gwelle borsd un dschibbo
sanni feier wer und gribbo

Ess gibbd
bleggbärris & flachbldscherm
grangnkassnbuddhismus
feng shui rassismus
Dir gwääleray und kinds misbrauch
bauschdellnyoga unn fray dsaid daschismus
nämmbärchä naa dsiss
unn inn faschiss muss
Huudschie Kuudschie und Fuzzi Wuzzi

braada rosn daal und guddschi
scha nell scha hi und schannä O
riddä schbodd und harri bo
ess gibbd waache minuddn
hadde schdundn
smaard foun, Ei bodd
undi didschi

Ess gibbd ä gands **haus** vuller Leid
obber

KANNE BLUMMA

Ess gibbd
dswedschgäbammli midd dswedschgä
däy gläya wäy khulln
imm dswedschgäbammlichd
Ess gibbd iss lichd im gedichd
iss scherbmgerichd
Ess gibbt
gäddschedds, giggls, gimmiggs, bloggs und glassdäss
fesd bladdn lied schaddn libb gloss blogg basdäss
di nämmbärchär burch
iss eurooba ballamend
gross ouwä modelle
im brehmium segg mennd
ess gibbd
Leid im bus, Lehm after schdrass
kha schbass!
di ahn sänn di O zulldn
di andänn di Ei glulldn
di driddn di gschaidn
däy schloogn ir häich middä braidn

Ess gibbd
phalgn und Mais
moddn und Leis
glawier sonaadn und schballier do maadn
wäddi obern, khadde drahln
blaue wundä und roude dsahln
mülen goddes, däy lammsamm maaln
malaisische schdrände, schbaanische brände
bfärde midd fliechl muggn midd ziechl
ziechn und ziggn
schbraach barieren, gwaschns gelld

digge händschä gecherdi kelld
iss braissische rechdd änd: se sörd riddsch
änn scharfm reddi
ess bier und inn kiddsch

Ess gibbd ä gandse **schdrass** vuller Leid
obber

KANNE BLUMMA

ess gibbd gwalld
afder welld und gelld
hindädä gwalld
sglaafn draibär unn inn daifl sai gschdalld
bang.g reiber und reiber bang.gn
widdgenschdain wallnschdain
und under frang.gn
obber suwoss! naa suwoss!
dädäsdndudess?
kennäsdn du suwoss machn
dädäsdndu suwoss dou
mächäsdndu so woss dou meeng
häddäsdn dunu ä rou?
obbi dess dennärd?
naa dessdäderdinedd!
des däderdinedd wenni mäysärd
macherdi nedd wennis mecherd
dännerdi nedd wenni kännerd
mercherdi nedd wennis macherd
woss dädersdn danndu?
I dännerd mi scheema. I scheemerdmi
inn grundä buudn I kännerdmi
nämmä inn schbiegl schaua
I dääd mi nämmä affd schdrass naus draua
scho wenni droh deng.g
wenni droh deng.g dassi suwoss mäysärd
woss machäsdnänn dudenndann?
äschd gängärdi zuddi ob ffer
voddi ob ffer zuddi dädä
nou machärdimi dsumm glächär
undann hofärdi aff än richdä

dschäschd gäids aldso ummdi zuddis
voddi zuddis kummä zuddi häddis
voddi häddis gäids nou zuddi duddsi
middi duddsi kummä zuddi haddsi
middi dädäsd glabbdsnu obber middi
bräychäsd doudmäsi halld hadd
waal braugn one dsudsu braug
hassd dassmä braugn goanedd
dsu braung brauchd. dou hassdäs!

Ess gibbd wäysd siggsd
iss fiele reedn
Ess gibbd drommln und dromm beedn
rordommln und reseedn
raasn schbrengä a dohm ra khehdn.
Beedn. Beedn.

Ess gibbd ä gands **land** vuller Leid
obber

KANNE BLUMMA

Ess gibbd
inn felld weech undiss welldla
inn schdaub undiss felldla
Iss schennsdä iss glennsdä
di nadduur, di beglenndsde
Iss heggsde und rainsde
di musigg, iss khinno, glaisd
und iss faynsde
ffo dior iss glaid
di väluurene dsaid
Ess gibbd
Melusinen un undinen
dro gebärdn waschma schinen
Lo En Grin un schwanenriddär
Schneewiddchän zwerch und undäberch
(inn moong biddär)
Ess gibbd
iss hadde deh, iss waiche beh
iss hoe dsee, iss leddsde ade
blous di Khull Dur
grachd asdä schbur

Ess gibbd
füüln und laidn
schbüüln und schdraidn
fibonaddchi raya
brehmium dadaya
daun Sinn drome Schau brodsesse
daadn schdaus, fi nannds eggs dsesse
heegl und hai degger
schleegl und mai regger
reechä und richdä

menschn und dichdä
Ess gibbd
Ufer dierli midd blech scha nierli
brannd beschleunichä; agg dsien
willn Inder doss khana,
dsigareddn babbierli

Ess gibbd ä gandse **whelld** vuller Leid

obber

KANNE BLUMMA

KEINE BLUMEN

*Für die verehrte, inzwischen verstorbene Inger Christensen
in Erinnerung an einen langen Nachmittag im Café Einstein*

Das ganze Haus voller Leute (Leid)
aber keine Blumen!

Es gibt Brötchen vom Bäcker
Päckchen (Packungen) von Schlecker
Kartoffeln vom Acker
die Schaufel vom Bagger
den Messias von Händl, die Mondschein(sonate)
von Brendel, das Messer
von Mackie und Maggi
plus Knorr
Es gibt Ursonaten und Naturtomaten
Stadtnomaden und Papiersoldaten
Müßiggänger
und Hartz-IV-Empfänger

Es gibt ein ganzes **Zimmer** voller Leute (Leid)
aber

KEINE BLUMEN

Es gibt Wasser vom Brunnen
Licht von der Sonne, Früchte der Erde
Potenzbeschwerde(n)
Bäume vom Wald
das Gewitter, wenn's knallt
Es gibt DSL und LSD
Transzendenz und Spül-WC
Lieder von Luther, Klassik von Goethe
Mathematik und Beziehungsnöte
Hitlerpuppen, Bodentruppen
Alte Leute und Hühnersuppen

Es gibt
Pril und Vivil
Tempo, Rama und Ata
Vim und Sunil
Uhu, Lotto und Dada
Adidas und Playmobil
Nivea, Puma, Bluna, Fanta
Jonny Cash und Fiat Panda
Opel, Quelle, Porst und Tschibo
Sanitäter, Feuerwehr und Kripo

Es gibt
Blackberrys & Flachbildschirme
Krankenkassenbuddhismus
Feng Shui Rassismus
Tierquälerei und Kindesmisshandlung
Baustellen-Yoga und Freizeit-Tachismus
Nürnberger Nazis
und den Faschismus
Hoochie Coochie und Fuzzy Wuzzy

Prada Rosenthal und Gucci
Chanel Schau hin! und Schau mal an!
Ritter Sport und Haribo
Es gibt weiche Minuten
harte Stunden
Smartphone, iPod
und die Digitalkamera

Es gibt ein ganzes **Haus** voller Leute (Leid)
aber

KEINE BLUMEN

Es gibt
Zwetschgenbäumchen mit Zwetschgen
die glühen wie Kohlen
im Zwetschgenbaumlicht
es gibt Licht im Gedicht
und das Scherbengericht
Es gibt
Gadgets, Giggles, Gimmicks, Blogs und Clusters
Festplatten, Lidschatten, Lipgloss, Blockbusters
die Nürnberger Burg
das Europaparlament
Crossover-Modelle
im Premiumsegment
Es gibt
Leute (Leid) im Bus, Leben (Lehm) auf der Straße
Kein Spaß!
Die Einen sind die Geschleckten
die Anderen die Eingelullten
die Dritten die Gescheiten:
die schlagen die Höhe mit ihrer Breite(n)!

Es gibt
Falken und Mäuse
Motten und Läuse
Klaviersonaten und Spaliertomaten
Verdi Opern, Kathedralen
blaue Wunder und rote Zahlen
Gottes Mühlen, die langsam mahlen
malaysische Strände, spanische Brände
Pferde mit Flügeln und Mücken mit Zügeln
Ziegen und Zicken
Sprachbarrieren, gewaschenes Geld

dicke Handschuhe gegen die Kälte
das Preußische Recht und: se sörd ridsch (Drittes Reich - denglisch)
den scharfen Rettich
das Bier und den Kitsch

Es gibt eine ganze **Straße** voller Leute (Leid)
aber

KEINE BLUMEN

Es gibt Gewalt
auf der Welt und Geld
hinter der Gewalt
Sklaventreiber und des Teufels Gestalt
Bankräuber und Räuberbanken
Wittgenstein, Wallenstein
und Unterfranken
aber so etwas! So etwas!
Würdest du denn so etwas tun?
Könntest du so etwas machen?
Würdest du so etwas tun?
Würdest du so etwas mögen?
Hättest du da noch Ruhe?
Ob ich das tun würde?
Nein, das täte ich nicht!
Das täte ich nicht, wenn ich müsste
und machte ich nicht, wenn ich möchte
und täte ich nicht, wenn ich's könnte
und möchte ich nicht, wenn ich's machte
Was würdest du denn tun?
Ich würde mich schämen. Ich schämte mich
in Grund und Boden, ich könnte nicht mehr
in den Spiegel schauen
Ich würde mich nicht mehr auf die Straße trauen
Wenn ich nur daran denke! Wenn ich daran denke
dass ich so was tun müsste.
Was würdest du denn dann machen?
Ich ginge zuerst zu den Opfern
dann ginge ich zu den Tätern
dann machte ich mich zum Kläger
dann hoffte ich auf den Richter

Zuerst geht's also um die zu den
von den zu den kommen wir zu den hätte ich
von den hätte ich geht's dann zu den hat sich
mit den tätest du da klappt's ja noch, mit den
bräuchtest aber tut man sich halt hart:
denn, brauchen ohne zu zu gebrauchen heißt
dass man brauchen gar nicht
zu gebrauchen braucht. Da hast du's!

Es gibt
das viele Reden
es gibt Trommeln und Trompeten
Rohrdommeln und Reseden
Rasensprenger und Atomraketen.
Beten. Beten.

Es gibt ein ganzes **Land** voller Leute (Leid)
aber

KEINE BLUMEN

Es gibt
den Feldweg und das Wäldchen
den Staub und das Fältchen
das Schönste, das Kleinste
die Natur, die beglänzte
das Höchste und Reinste
die Musik, das Kino, Kleist
und das Feinste
von Dior das Kleid
die *Verlorene Zeit*
Es gibt
Melusinen und Undinen
Drohgebärden, Waschmaschinen
Lohengrin und Schwanenritter
Schneewittchen, Zwerge und Underberg
(den Magenbitter)
Es gibt
das harte T, das weiche B
das hohe C, das letzte Ade
nur die Kultur
kracht aus der Spur

Es gibt
fühlen und leiden
spielen und streiten
Fibonacci-Reihen
Premiumdateien
Down-Syndrome, Schauprozesse
Datenstaus, Finanzexzesse
Hegel und Heidegger
Schlegel und Mayröcker
Rächer und Richter
Menschen und Dichter

Es gibt
Ofentürchen mit Blechscharnierchen
Brandbeschleuniger, Aktien
Villen in der Toskana
Zigarettenpapierchen

Es gibt eine ganze **Welt** voller Leute (Leid)
aber

KEINE BLUMEN

Nachwort

KANNE BLUMMA ist ein Mundart-Gedichtband, in dem der Dialekt nicht (nur) einer regional vertrauten Verständigung wegen verwendet wird, sondern in erster Linie um seine akustischen und kaustischen Mittel am zeitgenössischen Gedicht zu erproben.

Dazu war es nötig, den Dialekt in eine Art Kunstsprache umzuwandeln, das heißt, zugunsten der perkussiven Aspekte zum Beispiel auf regionale und phonetische Genauigkeit gelegentlich zu verzichten.

Dies geschah in erster Linie durch Massierung von Konsonanten, extreme Verweichlichung der Platzlaute (P & T) und manchmal willkürliche Rhythmisierung oder Umstellung der Vokale zugunsten einer gesuchten Klangreinheit.

In der Schreibweise wurde Mehrdeutigkeit durchgehend angestrebt, um den Assoziationsraum, also den poetischen Erlebnisraum, der durch den Abstand des Dialekts zur Hochsprache ohnehin schon enorm ist, noch zu vergrößern.

Aus den Labyrinthen des Dialekts heraus wurde versucht, immer im Blickkontakt mit der großen Dichtung allgemein wie auch mit den vielfältigen formalen Möglichkeiten der Moderne zu bleiben.

Auf eine Vereinheitlichung beispielsweise der Groß- und Kleinschreibung oder der Zeilenanfänge wurde aus Gründen der Impulsivität verzichtet, denn das Ganze sollte kein geordnetes Gebilde ergeben, sondern als Wildwuchs die Diversität der Anlässe, Themen und Stimmungen widerspiegeln.

Meinen ursprünglichen Plan, dieses Experiment mit der Mundart insgesamt noch stärker auf eine Partitur zuzuspitzen und die »lyrische Botschaft« extrem zu reduzieren, musste ich im Laufe der Arbeit stark einschränken, da Nonsensgedichte entstanden wären, die das Ganze zu einem Klamauk hätten werden lassen.

Trotzdem entstanden die meisten Gedichte durch ein Absuchen der Dialektdickichte nach Klangformationen, aus denen die Inhalte erst nach und nach entwickelt wurden.

Zur genaueren Einsichtnahme in Motive und Arbeitsweise möchte ich auf meinen Essay »Dialekt und Dialektik« unter http://www.poetenladen.de/ verweisen.

Gerhard Falkner
Berlin und Weigendorf im August 2010

Quellennachweis

S. 32: Bertolt Brecht: *Werke*. Große kommentierte Berliner und Frankfurter Ausgabe, Band 12: Gedichte 2. Sammlungen 1938-1956, hrsg. von Werner Hecht, Jan Knopf, Werner Mittenzwei, Klaus-Detlef Müller, Berlin/Weimar (Aufbau-Verlag) und Frankfurt am Main (Suhrkamp Verlag) 1988, S. 310.

S. 62: Rainer Maria Rilke: *Werke*. Kommentierte Ausgabe in vier Bänden, hrsg. von Manfred Engel, Ulrich Fülleborn, Horst Nalewski, August Stahl. Band 1: Gedichte. 1895 bis 1910, hrsg. von Manfred Engel und Ulrich Fülleborn, Frankfurt am Main/Leipzig (Insel Verlag) 1996, S. 468.

S. 83 und S. 142: Walther von der Vogelweide: *Gedichte*. 11. Auflage auf der Grundlage der Ausgabe von Hermann Paul, hrsg. von Silvia Ranawake, Teil 1: Der Spruchdichter, Tübingen (Niemeyer Verlag) 1997, S. 4f und S. 3